AF438120

DE LA
SITUATION PARLEMENTAIRE
ACTUELLE,

PAR RENARD-ATHANASE,

Député de la Haute-Marne.

PARIS,

IMPRIMERIE ET LIBRAIRIE DE PAUL DUPONT ET Cie,

RUE DE GRENELLE-ST-HONORÉ, 55.

MAI 1838.

DE LA

SITUATION PARLEMENTAIRE

ACTUELLE.

I. Sous un point de vue général, il y a deux manières de voir et de traiter les questions de gouvernement. Parmi les hommes engagés dans ces questions, les uns, trop exclusivement dominés par des théories plus ou moins bonnes en elles-mêmes, ont le tort de ne pas se préoccuper assez de ce qui est applicable et possible, eu égard aux conditions de la société actuelle ou à l'état des mœurs et des esprits. D'autres, plus pratiques ou moins préoccupés de théories, d'idées exclusives et propres à eux, mettent en principe que les gouvernemens ne peuvent être réputés bons dans un sens absolu, mais bien dans un sens relatif aux besoins de l'époque ; et, partant de ce principe, ils en tirent des conséquences à leur manière.

Il y a des points de rapprochement ou d'éloignement variables entre ces deux manières de voir : il y a les points extrêmes. On peut y chercher enfin, comme en toute autre chose, un milieu plus ou moins juste ; et si je me sers ici de cette expression passablement discréditée, c'est qu'en vérité je serais fort embarrassé d'en trouver une autre.

On peut d'abord appliquer ces considérations géné-
rales à l'appréciation des hommes que la révolution de
1830 a fait surgir et qui ont représenté plus ou moins
exactement les différens partis nés de cette révolution;
mais il est une manière de les classer, plus tranchée ,
plus nette encore et moins susceptible de confusion.

Les uns soutenaient que la révolution de juillet n'a-
vait été qu'un acte de résistance énergique à la viola-
tion des lois, qu'elle avait été faite aux cris de : *Vive
la charte !* et qu'elle ne s'était accomplie que pour
le maintien de nos institutions constitutionnelles. Ils
pensaient que, pour satisfaire au vœu de la France,
il suffisait de quelques modifications généralement dé-
sirées, pour assurer à la charte de 1814 une autorité
durable sur l'esprit de la nation. Le seul point sur
lequel ils étaient divisés se réduisait à savoir si le
roi nouvellement porté au trône avait été choisi et
accepté parce qu'il était Bourbon ou quoiqu'il fût
Bourbon ; mais cette difficulté ne pouvait être sérieuse
en pratique, et Louis-Philippe, en acceptant la nouvelle constitution, put supposer qu'il entrait suffisam-
ment dans la pensée des uns comme des autres, en
déclarant que la charte serait désormais une vérité.

D'autres prétendaient que la révolution de 1830
avait une signification différente, une portée beaucoup
plus étendue. Ils entendaient plus largement les conséquences du principe de la souveraineté nationale :
ils disaient que la nouvelle monarchie devait être un
trône populaire entouré d'institutions républicaines ; et
c'est sous ce point de vue que Lafayette lui-même, en
s'y soumettant, l'avait proclamé la meilleure des ré-
publiques.

Eh bien, nous avons vu ces deux principes et les
hommes qui les représentaient à différens degrés, aux

prises et à l'œuvre depuis la révolution de 1830. L'attaque fut vive et la résistance dut être forte. On a pu supposer qu'il y avait eu péril un moment pour la cause du gouvernement né de cette révolution.

La partie de l'opposition qui représentait les intérêts populaires ou démocratiques avait deux drapeaux et se divisait en deux camps qu'on a vus parfois presque réunis : c'étaient l'opposition républicaine et celle qu'on a désignée sous le nom d'opposition dynastique. À leur aide et comme cause d'affaiblissement, comme cause d'embarras pour le gouvernement, venait encore une autre opposition, celle qui combattait sous le drapeau de la dynastie déchue ; puis une autre encore, incertaine ou mixte et mal assurée dans ses résolutions, se tenant aux confins du pouvoir et se ralliant dans les circonstances graves au gouvernement, mais quelquefois aussi paraissant gêner son action : c'était celle qui était connue sous le nom de tiers-parti, qui maintenant s'appelle centre gauche et qui paraît être devenue majorité, si majorité il y a.

Les diverses nuances de l'opposition se montrèrent également vives et animées dans la sphère de leur action possible. Elles ne voulaient pas les mêmes choses, elles ne les voulaient pas de la même manière ; mais elles agissaient ensemble et se prêtaient ainsi contre le gouvernement, sans se concerter peut-être, un appui réciproque.

En butte aux efforts combinés des partis, le gouvernement dut songer à se défendre. Il ne lui suffisait pas de dire aux oppositions légitimiste et républicaine que la nation repoussait également la dynastie déchue et la république ; à l'opposition dynastique ou du compte-rendu, que la France ne connaissait que la charte de 1830 et n'avait rien à démêler avec le programme de l'Hôtel-de-Ville qu'on ne connaissait pas très bien : les progrès de l'anarchie devenaient de jour en jour plus inquiétans pour la cause de l'ordre et de la liberté.

Le gouvernement fut obligé, comme on le sait, de recourir à la force et de se créer des moyens légaux de défense et de conservation.

Les lois de prévention et de répression, proposées et adoptées successivement, furent la loi contre les crieurs publics, la loi contre les associations, et enfin les lois de septembre.

Le gouvernement proposa plus tard, et dans le même but, immédiatement après la décision du jury de Strasbourg, une trilogie de nouvelles lois connues sous les noms de lois de disjonction, de non-révélation et de déportation. La première fut rejetée, et les deux autres retirées en même temps que la loi sur les apanages.

Quoi qu'il en soit, le parti de l'opposition menaçante et armée finit par se briser contre le système de la résistance. On conçoit que cette lutte soutenue par le gouvernement contre un parti qui cherchait à s'élever surtout par l'esprit de propagande démocratique extérieure et intérieure, et par l'exaltation des sentimens populaires, ait dû presque nécessairement laisser un vernis d'impopularité sur les vainqueurs ; et la seule opposition qui soit restée debout, celle qui se meut aujourd'hui dans le cercle de la constitution, peut en effet, jusqu'à un certain point, se prévaloir aujourd'hui de ce résultat.

La discussion qui a été soulevée l'an dernier peu de temps après l'avénement du ministère du 15 avril entre les honorables chefs ou principaux représentans des trois grandes fractions de la chambre, MM. Odilon

Barrot, Guizot et Thiers, a été le dernier mot de cette grande lutte. On essaierait en vain de la recommencer avec les mêmes armes, avec la même éloquence, et de la ramener sur le même terrain.

L'opposition elle-même a replié son drapeau ; elle a paru disposée à s'incliner, comme on le disait, devant les faits accomplis.

Le gouvernement, de son côté, cessa de persister dans le développement du système de résistance ou d'intimidation qu'il avait cru devoir appeler à son aide après l'affaire de Strasbourg ; et c'est ainsi que, de part et d'autre, on semblait ratifier les conditions d'une sorte de trêve ou de paix armée.

Le ministère du 15 avril apparaissait de cette manière entre les différens partis comme un médiateur. On pouvait considérer cette nouvelle combinaison comme une sorte de terrain neutre où semblait devoir s'opérer la conciliation du centre gauche et du centre droit, débris de l'ancienne majorité.

Toute autre combinaison aurait paru impossible en ce moment. La tentative d'un rapprochement entre MM. Guizot et Thiers avait échoué, comme on le sait. Tous les deux s'étaient retirés par l'effet d'honorables convictions que la couronne, d'une part, et la chambre, de l'autre, avaient refusé de partager.

La tâche du nouveau ministère était difficile en présence d'une situation si compliquée ; mais les heureuses conséquences de l'amnistie, le renouvellement de la chambre et la prise de Constantine ont permis d'abord de supposer qu'il n'avait pas trop présumé de ses forces et de sa confiance dans le jugement du pays.

Tel était l'état des choses à l'époque de l'ouverture de la session.

II. Je vais compléter, en peu de mots, l'exposé des opinions qui se sont manifestées dans l'ordre des faits purement politiques.

Deux questions de cabinet ont été acceptées par le ministère dans le cours de la session. La première question fut soulevée par la discussion du projet d'adresse, en réponse au discours du trône et la seconde par le projet de loi portant demande d'un crédit extraordinaire pour les dépenses secrètes.

Il eût été difficile peut-être pour le ministère de ne pas prendre une décision nette et tranchée dans le débat auquel a donné lieu le passage de l'adresse, concernant l'Espagne et l'exécution du traité de la quadruple alliance. Quoi qu'il en soit, cette question, réduite aux termes de la discussion qui en est sortie, n'a présenté d'autre caractère que celui d'une lutte à laquelle on pouvait, sous certains points de vue, regretter d'avoir à s'associer par un vote.

Ce vote n'en a pas moins été favorable au ministère, et plus explicite qu'il ne devait être porté à le désirer lui-même, en raison du danger qu'il y a pour tout gouvernement de délibérer trop haut sur des questions de politique extérieure.

La demande d'un crédit extraordinaire pour les dépenses secrètes a été, pour le ministère, une nouvelle épreuve d'autant plus délicate que jamais, peut-être, ce vote de confiance n'avait été essayé sur une majorité plus flottante et plus fractionnée.

La tranquillité générale du pays, tant à l'intérieur qu'à l'extérieur, et l'espèce de sécurité dont nous jouissons, semblaient donner un aliment de plus à cet esprit de coalition parlementaire, dont il paraît si difficile de se défendre, et qui ne tend à s'effacer visiblement que dans les temps de péril ou de grandes crises politiques. Il est d'expérience, en effet, que l'esprit de personnalité et de parti se développe en raison inverse des préoccupations qui se rattachent au sentiment d'un grand intérêt national, et que les hommes ne se querellent jamais avec plus d'acharnement sur les petites choses que quand ils n'ont plus à se quereller sur les grandes.

D'un autre côté, la chambre avait paru, non sans raison, très-préoccupée de certaines révélations concernant les abus de l'emploi des fonds secrets. Cette circonstance était grave, surtout au commencement d'une nouvelle législature et lorsque tant de députés nouveaux, débutant dans la carrière politique, avaient à s'interroger sur les conséquences d'un premier pas à faire et des engagemens qui leur étaient demandés.

Le ministère est néanmoins sorti de cette nouvelle épreuve avec succès; mais, chose étrange et qui ne pourrait s'expliquer sans la connaissance de certains faits qu'on me permettra de négliger, son existence n'a jamais été plus attaquée et plus ébranlée qu'à dater de ce dernier succès.

Je laisse de côté beaucoup d'autres questions plus ou moins graves qui ont été agitées dans le cours de la session actuelle, attendu que la solution n'en est point encore obtenue, que leur signification politique est indéterminée jusqu'à présent, sous plusieurs rapports, et que leur examen m'écarterait trop de l'objet que j'ai particulièrement en vue dans cet écrit.

Je tiens surtout à constater ici la position des partis relativement aux questions, dont ils ont paru si vivement préoccupés dans le cours des précédentes sessions.

Quel est sur ces différens points l'état actuel des esprits?

Veut-on la réforme électorale? On y tient véritablement dans le sens de l'opinion qui se rattache au principe de l'adjonction des capacités ; mais il est décidé provisoirement, même par l'opposition, qu'il ne conviendrait pas de s'en occuper aujourd'hui.

Veut-on l'abrogation, ou seulement la modification des lois de septembre ? On se tait sur ce point. Ni en-deçà, ni au-delà, dans le système qui les a fait voter : tel est le point d'arrêt.

Persiste-t-on dans la volonté d'intervenir en Espagne ? Il est évident qu'on ne pourrait aujourd'hui manifester cette prétention, puisqu'elle a été condamnée, soit à tort, soit à raison, par un vote de la chambre encore assez récent.

Que prétend-on obtenir enfin ? le voici :

On veut un pouvoir parlementaire fort ; et, pour cela, l'organisation, dans la chambre des députés, d'une majorité dite politique ou de gouvernement, et même d'une majorité qui serait, jusqu'à un certain point, systématique.

On veut pour le président du conseil des ministres, la présidence réelle. On veut la stricte observation de cette maxime que *le Roi règne et ne gouverne pas*, ce qui tendrait à faire penser que la maxime dont il s'agit ne serait pas mise en pratique ou ne serait pas entendue, comme elle doit l'être.

Il ne sera pas sans intérêt d'examiner la valeur de ces prétentions. Je le ferai succinctement.

III. Je n'ai jamais été très touché, je l'avoue, de toutes ces distinctions subtiles à l'aide desquelles on a tenté de caractériser les différens partis, désignés sous le nom générique de *constitutionnels* ou qui déclarent s'en tenir aux termes de la constitution de 1830, au nom de laquelle on les voit se disputer le pouvoir. Il existe entre eux, logiquement parlant, une telle

communauté d'origine et de principes que, si la conduite des hommes qui les représentent a pu sembler
contradictoire, inconséquente et souvent bien opposée
dans certains cas, cette différence a fini par s'expliquer
assez bien par celle des circonstances et des positions.

C'est en vain qu'on essaierait de faire contraster à
mes yeux les nuances fugitives du *quoique* et du *parce
que*, des doctrinaires et du tiers-parti, du centre
gauche et du centre droit; c'est en vain qu'on cher-
cherait même à me prouver qu'il existe, en principe,
une différence profonde entre les hommes de la résistance et ceux de la gauche dynastique ou du mouvement : cette différence a toujours été pour moi si peu
de chose, au fond, que je n'ai jamais pu la concevoir
et l'admettre autrement qu'à l'état de fait accidentel et
transitoire.

Il est aujourd'hui bien évident que cette manière de
juger n'est pas si paradoxale et si dénuée de fondement
qu'on aurait été tenté de le croire au premier aperçu.
Les faits ont déjà prouvé en partie la vérité de ce que
j'avance. Ils le prouveront plus encore, à mesure que
le temps achèvera, sur les esprits, l'œuvre des transfor-
mations qu'il y opère insensiblement. Plus nos hommes
politiques auront été éprouvés par le changement de
leurs positions respectives, ainsi que par le déplace-
ment des intérêts qui s'y rattachent, et plus ils finiront
par se ressembler, plus nous les verrons se retrou-
ver dans les mêmes chemins. Le plus fort est déjà fait.

Deux partis seulement, le parti légitimiste et le parti
républicain semblent avoir été conséquens dans leur
conduite. Ils ont travaillé d'abord, avec une certaine
ardeur et tant que le succès pouvait être réputé possible,
au renversement de la dynastie de juillet. Les moyens,
il est vrai, n'ont pas toujours été heureux et bien choi-

sis. Loin de là ; mais ces moyens s'expliquaient jusqu'à un certain point par le but ; et la logique au moins n'était pas violée. Plus tard, et quand les partis dont il est question se sont aperçu qu'il y avait lieu de temporiser et de transiger avec l'esprit public, alors ils ont cessé d'en appeler à la violence et se sont mis en frais de coopération plus ou moins franche à certaines améliorations que pouvait réclamer l'état de notre législation. Ce concours a pu même être profitable dans certains cas, et le gouvernement fera bien de ne pas le dédaigner toutes les fois qu'il sera donné loyalement dans l'intérêt du pays.

Quant aux partis constitutionnels ou dynastiques, il était dans leur destinée, par un effet même de la force des principes auxquels ils rendaient hommage en commun, de ne pouvoir, en définitive, être différenciés que par des noms propres.

Cela est si vrai, si patent, si profondément révélé à l'instinct de chacun que nous voyons l'honorable M. Guizot, lui-même, professer aujourd'hui cette opinion que quatre espèces différentes de combinaisons ministérielles seraient possibles et conciliables avec notre position parlementaire actuelle.

Il admet en premier lieu la possibilité de différentes combinaisons qu'il appelle cabinets de bascule ou de concession, comme celui que nous avons. Je cite littéralement.

Puis il admet encore, et comme également possibles :

Un cabinet centre gauche, avoué par la gauche ;

Un cabinet centre droit ;

Un cabinet centre gauche et centre droit réunis.

Je veux bien qu'il en soit ainsi ; mais quelle induction pouvons-nous tirer des possibilités dont il s'agit, si ce n'est celle-ci, qu'en principe et en bonne logique il n'y a véritablement plus d'opposition dans la véritable acception du mot, plus de partis politiques en dehors des partis légitimiste et républicain , plus de drapeau qui , dans la réalité, représente un sys- tème; et que, dans cet état de choses, la qualité d'homme d'opposition , d'homme de parti , centre gauche ou centre droit, n'est plus absolument qu'une manière de s'asseoir à la chambre.

Cela veut dire au moins, sans exagération, que tout esprit d'opposition *quand même,* ou de ministérialisme systématique, seraient, dans la situation parlementaire ac- tuelle, également inexplicables. Une majorité politique ou de gouvernement, comme on le dit, ne peut se pro- duire et se manifester qu'en présence de questions po- litiques; et quand ces questions ne sont pas soulevées, je ne puis concevoir, en vérité, la manifestation persis- tante d'une majorité de cette nature. Il n'y a pas lieu de s'en mettre en peine; et c'est ce que la chambre a par- faitement compris dans le cours de la présente session.

J'admets sans difficulté que, dans les temps de crise politique, et quand les principes mêmes du gouverne- ment sont engagés, quand la tranquillité du pays peut sembler menacée, l'esprit de parti systématique enva- hisse aussitôt les pouvoirs parlementaires et les subor- donne à son action. Dans des cas de cette nature, il est juste et convenable de sacrifier en effet l'accessoire au principal. Il est du devoir d'un homme sage et d'un bon citoyen de ne pas insister sur le triomphe de ses opinions particulières, au delà d'une certaine mesure. Il ne doit pas du moins poursuivre ce triomphe aux dé- pens de la cause commune ou des intérêts du parti au- quel il s'est rattaché; mais alors aussi les opinions par- ticulières ont à peine une aliment : tout est absorbé par les grandes préoccupations d'intérêt général. On n'a pas même besoin, le plus souvent, de se concerter pour bien s'entendre. Il n'y a pas de mot d'ordre à donner;

toutes les questions sont merveilleusement simplifiées, toutes les positions sont parfaitement nettes et tranchées.

Mais que, dans des temps de calme et de sécurité, quand nous ne voyons à l'ordre du jour aucune question politique grave, on vienne nous prêcher l'esprit de parti systématique et nous exciter à porter cet esprit dans l'examen de questions qui, pour être bien résolues, ne peuvent être examinées qu'en elles-mêmes et pour elles-mêmes, alors il est bien permis de s'élever contre de pareilles doctrines et d'en signaler le danger.

C'est en vain qu'on voudrait grossir à mes yeux l'obligation de les mettre en pratique au profit du pouvoir royal ou du pouvoir parlementaire, je ne pense pas que nous ayons à recommencer aujourd'hui des expériences de cette nature. Il ne serait pas constitutionnel, il ne serait pas prudent de tendre à ce point-là, sans nécessité véritable et bien reconnue, les ressorts du gouvernement. Ce serait le moyen d'arrêter tout progrès.

Et qu'on ne dise pas que ce droit, revendiqué pour chacun, de ne se décider sur chaque question que d'après le libre mouvement de sa conscience éclairée par la discussion, contienne en lui-même un principe d'anarchie politique ou d'affaiblissement des pouvoirs parlementaires; il n'en est rien. L'exercice du droit dont il s'agit tend au contraire à moraliser l'action de ces pouvoirs, à les identifier avec le pays d'une manière intime et profonde, et par conséquent à les fortifier. La sincérité du gouvernement représentatif est là tout entière : hors de là tout est variable, incertain, chancelant. C'est dans les conditions de cette sincérité que nous devons chercher par conséquent les moyens de régénérer notre vie parlementaire, au lieu de nous condamner à rouler perpétuellement dans le cercle vicieux des majorités factices imposées systématiquement à la nation par l'esprit de parti.

Quant à la question de la *présidence réelle*, il m'a semblé qu'elle n'avait pas toujours été bien comprise.

Aux termes de la constitution, le roi est le chef du pouvoir exécutif. Il a sa part aussi du pouvoir législatif, et je ne suppose pas qu'il soit question de la lui contester ; mais il n'agit, comme on le sait, dans le gouvernement, que par la médiation et sous la responsabilité de ses ministres ; et son inviolabilité sous ce rapport est consacrée par cette maxime : *Le roi règne et ne gouverne pas.*

La responsabilité de tous les actes du gouvernement du Roi, ne pouvant, d'après cela, peser que sur ses ministres, il n'y a pas lieu, suivant moi, de se préoccuper, autant qu'on le fait, de ce qui peut se passer entre ces derniers et le Roi dont ils représentent l'action. C'est une question de fait dont la solution ne peut être légalement et convenablement obtenue, dans le cas où le pouvoir royal semblerait engagé dans une mauvaise voie, que par la réaction des pouvoirs parlementaires sur les ministres eux-mêmes, et ne doit jamais être poursuivie au-delà de cette limite posée par la constitution. Tels sont les vrais principes.

On doit reconnaître au surplus que si, d'après la constitution, les trois pouvoirs sont égaux et parallèles, il est néanmoins des questions sur lesquelles on peut assigner à l'un d'eux, relativement aux autres, une certaine prépondérance ; et c'est à la sagesse de la nation, c'est à l'instinct des pouvoirs gouvernementaux surtout, qu'il appartient d'apprécier les cas où cette prépondérance est susceptible d'être reconnue et convertie en fait, afin d'éviter de fâcheuses collisions.

En résumé, je ne vois rien dans l'état de choses actuel qui soit de nature à nous engager sérieusement dans une lutte de prérogatives, à laquelle, cependant, certains esprits semblent se préparer. C'est une tentation qui n'a pu vraisemblablement germer et se développer que dans les ennuis de l'oisiveté politique et parlementaire à laquelle nous nous trouvons en quelque sorte condamnés par la tranquillité générale du pays ; mais il ne s'ensuit pas que cette tranquillité soit un mal, et, quant à moi, j'avoue que je ne puis me résoudre à la déplorer.

C'est, d'ailleurs, avec raison qu'en présence d'une transformation si grande de la scène politique, et dans l'état de paix dont nous commencions à jouir après tant d'agitations, le gouvernement eut la pensée d'en appliquer les conséquences au développement des améliorations réclamées par notre organisation publique intérieure, et par les grands besoins du commerce et de l'industrie ; mais, en nous invitant à le suivre dans une carrière si vaste, il aurait été bien à souhaiter pour lui, comme pour nous, qu'il se trouvât lui-même un peu mieux affermi sur ce nouveau terrain.

Nous devons reconnaître, enfin, que l'œuvre de conciliation, tentée par le ministère, a été manquée tout-à-fait. Les partis qu'il avait en vue de rallier se sont bien ralliés à la vérité, mais contre lui-même ; et l'action gouvernementale en a véritablement souffert. Il y a dans ce fait seul assez de gravité pour que le ministère lui-même y songe, et s'en préoccupe sérieusement dans l'intervalle des sessions.

Mai 1858.